AF275976

CIUDADES INVISIBLES

Mia Kohr

COLECCIÓN ITES

CIUDADES INVISIBLES

© Mia Kohr
© de esta edición: Olé Libros, 2025

ISBN: 979-13-87620-50-9
Depósito legal: V-1080-2025
Impreso en España

KALOSINI, S. L.
Grupo editorial olélibros
equipo@olelibros.com
www.olelibros.com

A mis padres, Vicky y Carlos,
mi hermano, David,
mi iaia Teresina
y mis personas favoritas, que siempre me apoyan.

Este libro está dedicado a quienes han amado, han caído, se han reinventado y, a pesar de todo, continúan avanzando.

Bienvenido a esta aventura que te hará viajar por distintas ciudades, donde cada escrito es un reflejo de un momento, un instante con sentimientos. Mia Kohr nace de un ingenioso juego de palabras con su nombre real, que significa 'desde mi corazón'. Esta obra se estructura en cinco secciones, cada una albergando un conjunto de diez prosas poéticas. Cada sección se presenta como una ciudad inventada, aportando un carácter único a la temática explorada en su interior.

Hakuna Matata: Aquí, las páginas respiran un aire de positividad destilada. Cada prosa poética es un destello de optimismo, de ola de surf, que invita abrazar la vida.

Resiliencia: En esta urbe literaria, es la ciudad coraje, las calles están marcadas por las huellas de la superación. Cada escrito es un testimonio donde las cicatrices narran historias de victoria sobre adversidades.

Efervescencia: En este vibrante rincón literario, cada prosa poética es un estallido de emociones que enciende la llama de los sentimientos llevando consigo la intensidad y la efusividad de la vida en su máxima expresión.

Prositivismo: En esta ciudad se emerge como un epicentro de fuerza y determinación. Cada texto es un acto de empoderamiento, un canto a la fortaleza interior.

Wanderlust: En los callejones de esta metrópolis, son la esencia de los viajes capturando la esencia de lugares mágicos permitiéndonos viajar con la mente.

En esta travesía literaria, *Ciudades invisibles* cobran vida, cada una ofreciendo un panorama único de la experiencia humana en sus matices más positivos, resilientes, empoderados y nómadas. Abróchense los cinturones, que despegamos. ¡Buen viaje! :-)

HAKUNA MATATA

Vive y deja vivir, sin preocupaciones

Esto que llamamos vida

El corazón tiene razones que la razón no entiende.

Blaise Pascal

La verdad es que cada día se aprende algún truquillo más
para aprovechar mejor esto que llamamos *vida*,
a mí la mía me ha enseñado de todo,
y mientras creía aprender unas cosas aprendía otras.

Supongo que sin darme cuenta aprendí a querer,
el valor de la sinceridad y
a reconocer la ventaja que le lleva siempre el corazón a la razón.
Y todo aquello que aprendes gradúa y altera tu escala de valores,
y un día reconoces lo que es verdaderamente lo importante.

¿Quién puede determinar cuándo termina lo viejo y empieza lo nuevo?
No es un día del calendario, ni un cumpleaños, ni el Año Nuevo.
Es un evento, grande o pequeño, algo que nos cambia.
Lo ideal sería que nos diera esperanza
para una nueva forma de vivir y ver el mundo.

Dejar que se vayan los viejos hábitos, viejos recuerdos.
Lo importante es que nunca dejemos de pensar
que podemos tener un nuevo comienzo.
Pero también es importante recordar
que entre toda lo malo hay algunas cosas
que realmente vale la pena mantener.

¡A por un buen comienzo con buenas vibraciones!

Fórmula mágica de la vida

Cada vez que me formulo una ecuación sobre la vida, siempre obtengo el mismo resultado; si realmente es lo que me hace feliz, ¡HAZLO!

No debemos tener miedo a cuestionarnos

Estamos compuestos de los libros devorados,
de la pintura que hemos visto,
la música que ha resonado en nuestras almas
y se ha desvanecido en el tiempo,
de las calles recorridas,
del arte que nos ha inspirado.

Somos la esencia de nuestra infancia,
la influencia de nuestra familia,
y el eco de los amigos.

Nos convertimos en lo que consumimos,
lo que pensamos, nuestras palabras,
somos lo que hablamos,
cada paso que damos,
cada viaje que emprendemos,
cada pensamiento que acariciamos
y cada beso que hemos compartido.

Somos quienes somos,
y por eso
debes sentirte orgulloso de la obra maestra única que eres.

El juego de la vida

A mi modo de ver,
si regalas una sonrisa
a tan solo una persona al día
o elevas el ánimo a una persona,
tu día habrá valido la pena.

La bondad, simplemente,
es el alquiler que debemos pagar
por el espacio que ocupamos
en este planeta.

Porque lo más insignificante
de las acciones siempre es mejor
que la audaz de las tentaciones.
La vida no es solo un juego,
así que arriésgate, lánzate,
participa y juégatela.

QUIÉRETE +
SONRÍE +
SÉ + FELIZ

Whatever you decide to do, make sure it makes you happy.

No me gusta sermonear, pero...

Voy a decirte algo que te servirá para siempre:
el mundo no es siempre un escenario de alegría y color.

El mundo es un lugar terrible
y, por más resistente que seas,
puede doblegarte con sus embates,
es capaz de arrodillarte a golpes
y tenerte sometido permanentemente
si tú no lo combates.

Nadie, ni tú, ni yo, ni nadie,
golpea con más fuerza que la vida.
No se trata de lo fuerte que golpeas,
sino de lo fuerte que puedes resistir los golpes.

Si tú sabes lo que vales,
ve y conquista lo que mereces,
pero tendrás que soportar los golpes.
Y no podrás estar diciendo que no estás
donde querías llegar por culpa de él,
de ella ni de nadie, eso lo hacen los cobardes y tú no lo eres.

Y recuerda: *TÚ ERES CAPAZ DE TODO
Y MÁS DE LO QUE TE IMAGINAS.*

La mala costumbre de querer tarde

Muchos de nosotros vivimos creyendo en la eternidad,
en la inmortalidad,
pensando que las desgracias solo tocan al vecino de al lado.

Nos sumergimos en la ignorancia
que nos debilita,
y solo lamentamos cuando ya es tarde.

Tenemos la mala costumbre de postergar todo,
de reír poco y esperar hacerlo mañana.
Preferimos echar de menos, en lugar de disfrutar de más,
usando los «luego» en lugar de los «ahora».

Luego te llamo, luego te escribo, luego te contesto, luego nos vemos.
Pero, inevitablemente, nunca llamamos,
nunca escribimos, nunca contestamos y nunca nos vemos.
Queremos tarde, valoramos tarde,
y pedimos perdón demasiado pronto.

Debería existir un número máximo de perdones.
Perdonar nos engrandece,
sí, pero cuando perdonas cada día,
el «lo siento» se convierte en el comodín
de cualquier excusa injustificada.

Tenemos la mala costumbre de comenzar
el gimnasio «la semana que viene»
y cuidarnos cuando ya es demasiado tarde.

Medimos nuestra valía por títulos y estaturas,
confundimos nuestra belleza con la delgadez
y dejamos que las opiniones ajenas definan nuestro valor,
olvidando que la única opinión que importa es la nuestra.

Vivamos cada momento

Es cada segundo que marca el reloj,
cada oportunidad, cada sonrisa,
cada mueca de labios, cada beso,
y cada vez que nos enamoramos.

¡ENAMORÉMONOS TODOS LOS DÍAS
DE NUESTRA VIDA!

No pongamos barreras al corazón
ni dejemos para después esos «ahora» que nunca llegan.
Cumplamos sueños,
hagamos kilómetros de más
y batallas de menos
y no esperemos a que alguien fallezca
para expresar cuánto le queríamos.
No permitamos que la rutina descuide
lo verdaderamente importante en la vida:
quiero AHORA y no mañana.

(Este poema ha recibido el primer premio
en el Certamen de Poesía de Sant Jordi de AREP
en el barrio de Sant Andreu, Barcelona)

MI COCREADOR

Tú que me has visto nacer, dar mis primeros pasos,
mis primeras palabras, mi primer día de escuela
me viste crecer y ver florecer la primavera.

Tú que presenciaste mis errores, mis caídas,
mi cara de vergüenza y el color mis mejillas.
Tú que viste cómo se empequeñecía mi inocencia
y mi vulnerabilidad y aumentaba la magia, las horas con libros
y los nervios de universidad.

Tú que viste enamorarme, mi cara de tonta,
mi suspenso en mates y mi alegría de loca, que es poca.
Tú que me diste la vida y me apartaste de las heridas.

He tomado apuntes de todos tus consejos, papá,
y cuando te he fallado, tengo chuletas de todo lo que me has enseñado
y no he sabido copiar, porque por suerte no sé hacerlo
soy fiel a tu caligrafía con un trazado pleno.

Déjame ser la niña que llevo dentro
esa que tanto cuidaste, amaste y cantaste.
Aunque seamos blanco y negro y vivamos entre discusiones
Tú serás mi hombre favorito, cocreador, padre, mi progenitor.

Eres mi rey en enero, mi San Valentín en febrero
mi primavera en marzo, mi Sant Jordi en abril
mi cumpleaños en verano, tú eres mi mayor regalo.

Siempre estás conmigo, sin condiciones ni tratos
nuestras contradicciones acaban en bonitos abrazos.
Y volver a ser La Niña de tus ojos, tu princesa,
la que te hace girar la cabeza.

¿Y tú qué pides?

Pensaron que yo era surrealista, pero no lo fui.
Nunca pinté mis sueños, solo pinté mi propia realidad.

Frida Kahlo

Con un buen libro, una taza de té verde, olor a mimosa amarilla y la luna, ¿quién no puede ser más feliz?

RESILIENCIA

*Cuando todo parece en contra, recuerda
que los aviones despegan contra el viento.*

HENRY FORD

¿A QUÉ HEMOS VENIDO A ESTA VIDA?

¿A qué hemos venido a esta vida?
¡A vivir, joder, a vivir!

Así que deja de lado las tonterías
y comienza a vivir plenamente.

Deja de perderte oportunidades,
olvídate del «y si hubiera...»,
y expresa más «te quiero».

Deja de lado la mala leche,
deja de angustiarte por tonterías,
reduce tus enfados y modera ese orgullo.

¡Vive y disfruta, querida!

Sueña, planea, crea
y busca tu plan de acción.

Acelera en esta carretera,
alcanza los doscientos kilómetros por hora
y no te detengas,
enfrenta las curvas,
sube, baja y deja que
la adrenalina fluya por tus venas.

Deja que tu corazón guíe y,
si realmente te hace feliz, ve tras ello.
Estás aquí para ser una estrella
y brillar con luz propia.
¡Vive con intensidad!

Una cosa que se llama...
No me acuerdo

En el mundo actual, se está invirtiendo cinco veces más en medicamentos para la virilidad masculina y silicona para mujeres que en la cura del alzhéimer. De aquí a algunos años, tendremos viejas de tetas grandes y viejos con pene duro, pero ninguno de ellos se acordará de para qué sirven.

Drauzio Varella,
oncólogo brasileño premio nobel de medicina

Hay cosas que entran en tu vida sin avisar y permanecen allí por un tiempo indeterminado; no sabes qué duración tendrá, pero te acompañará durante un tramo de tu vida. Él cuando entra transforma tu vida, al principio parece lento, va poco a poco, hasta que un día cambia todo por completo, no sabes por qué ha entrado, tampoco sabrás si saldrá, pero mantienes la esperanza de que se vaya algún día y te deje vivir como has vivido siempre. Y un día todo empieza; como se suele incluir en algún gag de algún ingeniosobque dice: «No sé dónde he puesto las gafas» y responde otro: «Las llevas puestas» y el chistoso le contesta: «Cómo se nota que ya me estoy haciendo viejo... cosas de la edad» mientras de fondo suena un sondeo de carcajadas. Pero con el tiempo, comienzas a olvidar lo que hiciste ayer, dónde dejaste las llaves, la ubicación de esa blusa especial, las calles familiares, cómo cocinar, las canciones que solías cantar, los nombres y los rostros. Y puede que al principio haya empezado como un gag que se vuelve más serio; sobre todo en ese momento cuando ves una mirada ausentada, observando el horizonte, a la nada e intentando imaginar que le pasará en este preciso momento por su mente cuando para ella el «ayer» ya fue bastante remoto y el «ahora» ya queda lejano. El tiempo es el único testigo con el que convives, él es tu cómplice que verá tus errores y el que ya ha vivido tus memorias, tu historia, tu vida. Y él cogió un día y se estableció en tu vida, él es el alzhéimer, lucha contra él para que te deje vivir sin que dejes de recordar que tu vida consiste en olvidar.

Entre estrellas y cicatrices

Cuando todo se olvida lo único que nos queda es el amor.

Tamara Hernández Baute

Conjugarte en pretérito perfecto,
ya no ver tu cepillo de dientes en el cajón sin salida,
ni oír Vasco Rossi de sábados por las mañanas,
ni las dos llaves colgadas en el portallaves
en forma de ancla de madera en la puerta,
ni escuchar tu portazo de ida
ni tu abrazo de vuelta.

Ya no existirán las caricias de depués
del cardio nocturno, ni la cucharita por la noche,
ni tus mimos de buenos días,
tus poesías que me recitabas

ni las canciones con mi nombre que te inventabas,
sobran besos y me faltan versos.

Ya no sabes irte con tu elegancia constante
como ya habías hecho otras veces,
ya no sabes mentir como Pinocho,
ya no sabes reír como el primer día que me enamoraste.

Y si hay un día que recordar,
no será precisamente ese,
sino el día que te dije: hasta luego no, hasta siempre.

Patchwork de ti

Que cada trozo de tu piel
cuente una historia
Que cada nublado de tus ojos
se convierta en océano.
Que cada comisura de labio
sea por locuras.

Que cada flor de primavera
sean nuestras risas.
En ti ver las casas blancas de Binibeca,
el acantilado de la playa
o el atardecer de cala Compte.

Ojalá las noches en vela que tienes
sean por nuevos proyectos
y no por ansiedad.
Ojalá algún día nos juntemos de nuevo,
con tus ganas de reír.

Dejamos todo para después
como si el después fuese lo mejor.

No deberías huir, lucha

Un mundo,
cinco océanos,
siete continentes,
ciento noventa y cinco países,
siete billones de personas... y aun así, tuve la suerte de conocerte.

Nuestra película fue *Midnight en Barcelona*,
mi banda sonora, *Bésame* con silencios y vértigo.
Porque lo que de verdad acojona no es el adiós,
es el instante en que alguien llega y decides que jamás quieres que se vaya.
Llegué tarde, pero llegué a tiempo.

Otra vez, en otro cruce de caminos:
ilusión, mensajes, risa tonta.
Pero de repente, el puñal sincero:
«No eres tú, soy yo».
Y una vez más, paciencia esquiva la escena.
Querido, ¿cómo esperas que te encuentre
si en mi escala de desastres hay terremotos
que mueven mundos mejores que tú?

Miro alrededor y veo parejas de hogar y admiración,
con cimientos de querer, de ser refugio.
Y tú, ¿qué seguridad me das?
Eres impaciencia, presión, y una sombra de inseguridad.
Y yo no quiero sombras en mi equipo.
Yo no quiero batallas que no se luchan.

Cede el paso, y a veces el peso

Abrí ese mensaje y leí lo que me temía,
que me dolía porque sabía
que allí estaba la verdad.

Más vale una verdad que duela
que una mentira que ilusione.
Como decía Bukowski:
«Tienes que morir unas cuantas veces
antes de poder vivir de verdad».

Eclipse total

¿Alguna vez has presenciado
cómo dos polos opuestos se atraen,
creando la escena más hermosa del mundo?

¿Has sentido alguna vez esa
sensación de plenitud y satisfacción?
En cuestión de milisegundos,
podías ver cómo se alineaban tres cuerpos celestes:
el sol, la luna y la tierra,
creando esta maravilla llamada eclipse.

Estábamos todos ansiosos, nerviosos.
Y de repente... ¡ZAS!
Ese hechizo entró en nuestras pupilas,
esos ojos bailando al mismo ritmo
de *Total eclipse of the heart* de Bonnie Tyler,
observando cómo dos cuerpos se abrazaban,
se desbordaban y permitían
ver esa simbiosis de luz y oscuridad.
La luz comenzó a apagarse
y el paisaje adquirió tonos metálicos.

Entramos en éxtasis, nos volvimos impacientes,
aullamos, gritamos.
Todas las miradas se dirigían al cielo.
Era un acontecimiento único,
y observar este regalo que
nos brinda la naturaleza me hizo sentir
más conectada, más vinculada contigo, madre.

Septiembre

¿Por qué aquellos que se marchan ya no regresan?
¿Habrán alcanzado el paraíso
y se está tan bien que optan por no volver?

Algunos lo describen como un cielo repleto de algodón,
con ángeles y caballos volando.
Se imagina como un paraíso.

Yo no me lo imagino,
solo sé que ya no vuelven.
Así que no se estará tan mal, ¿no?

Me imagino que es un lugar donde cuidan de ellos,
que los tratan de maravilla
y se rodean de ángeles
y que cuidan de nosotros,
velan por nosotros para protegernos.
Si no volverías a visitarnos, ¿no?

Creo que si te fuiste es
porque ya diste todo lo mejor de ti,
ya cumpliste tu misión e hiciste más que eso,
hiciste feliz a los de tu alrededor,
regalaste felicidad,
fuiste un gran ejemplo a seguir
como persona y como abuela.

Nos diste lecciones en el amor,
en la cocina, en el baile, en la belleza,
clases de canto, costura y, sobre todo,
lecciones de vida.

Tú siempre tan discreta y coqueta.
Resulta difícil seguir adelante sin tu presencia.

Recuerdo nuestra última conversación,
en la que demostraste que estabas mejor de lo que esperaba.
Y pudimos seguir esa conversación y
me la llevaste mejor de lo que creía, acabamos diciendo:
—Iaia, t'estimo.
—Jo també, fins aviat Mireia.[1]

Y se me está haciendo duro este «*fins aviat, Mireia*»,
pero la vida sigue y me quedo con tus enseñanzas
y lo increíble que fuiste conmigo
y con los demás.
Espero que estés bien
y que te cuiden allí donde estés.

---

1 '*Abuela, te quiero*'.
'*Yo también. Hasta pronto, Mireia*'.

Lo admito: Te echo de menos

No puedo pasar de un extremo a otro tan radicalmente,
por eso las cosas intensas intento ralentizar.
Pero bajo esas ganas y pasión por comernos el uno al otro
se me hizo imposible que estuviera bajo control

Se hizo tarde cuando llegaste pronto,
y terminar algo para empezar mejor.

Amor con sabor a pop español

Con grito de un canto a lo más loco,
sentía desde mi oreja con sabor a Van Gogh
desde Triana se escuchaba ole, ole y ole
y una maldita canción de Nerea al extremo de tu colchón duro
sonaba con efecto mariposa que las sentía en mi vientre.
Cabezadita hasta que llegue el sueño de Morfeo
en la quinta estación del año.
Desde la posición del último de la fila
podía escuchar los secretos de nuestra historia
y el más héroe fue silencio
al escuchar el cómplice de nuestra unión.

El presunto de esta historia está implicado
y guardado en la caja de Pandora.
No me saques el revólver y conviertas en siniestro total.
El mago de Oz me ofrecía tequila
junto con una cucharada de jarabe de palo
y me dio efecto porque desde un pasillo veía un lagarto amarillo.

Suave, me susurro de la marea que venía y me acurruqué
pero sabía que era lo nuestro una de esas amistades peligrosas.
Y así ella bailó sola y yo haciendo guardia
con un café de Quijano me lo endulzaba con azúcar moreno
y la pereza que me daba y lo rebelde que me ponía
al verme despistada como un río de stravaganzza.
Esa sonrisa Júlia que me enamoraba
bravo me decías y la fuga delincuente que hacías,
reincidente me pareció todo siempre así,
no me sueltes, que saltará el *airbag*.

Punto y final

Al son de ritmos africanos
sonaban tus versos,
recordaba tus gemidos
y me olvidaba de tus desperfectos.

Me encaminaba hacia la felicidad
el camino correcto,
el que tú me borrabas para no ver la realidad.
Las vías del tren estaban previstas para recorrer la vida,
como recorría por tus lunares de tu cuerpo sin preámbulos.

Me quedo con tu sonrisa y tus ojos de color mar,
me llevo tu camisa y tu despertar.
Y ahora ya no es un hasta luego, es un adiós,
ya nos hemos dado varios puntos y coma
pero ahora viene el punto y final.

Rojo, casualidad y *Rock and Roll*

Me cansé de apostar al rojo
prefiero ir todo al *rock and roll*,
me cansé de dejarme llevar por la casualidad
de los hilos rojos y amores para siempre.

Quiero vivir en el mundo real y honesto
ese que te da una buena patada
cuando alguien te decepciona
y vuelves aterrizar al mundo hipnotizador,
el que te descoloca de un golpe tentador.

Vivimos en un mundo de mentiras
donde amamos sin sentir, amores a conveniencia,
de polvos exprés y olvidos lentos,
donde sentimos menos y lloramos más.

El mundo es demasiado grande
para quedarse en un solo sitio.
Vive porque la vida es una,
pero en verdad morimos una vez
y la vida es cada día.

MALDITA DULZURA

Sencillez y honradez,
amigos de la mano.
Codicia y ambición,
dos caras opuestas
que a destiempo se van conociendo.
Tengo ganas de abrazarte,
de estremecerte y verte caer,
de caricias que no llegan
de roturas que se alteran
maldita dulzura la tuya
la que me arropa y me desnuda
la que me mima y me delata
y la que es sobria como tu tez.

A TIEMPO

Ya no me escribes cartas como solías hacer antes.
Ya no vienen rosas rojas los viernes impares.
Ya no me das esos besos que me hacías correr
al toparte con mis pupilas.
Ya no me das esos abrazos fuertes
donde se rompían mis costillas.
Ya no nos corremos con solo tocarnos.
Ya no me pides que te haga tu tarta de frutos rojos favorita.
Ya no miramos la lavadora, que se reflejaba en tu iris.
Ya no nos sentamos horas y horas hablando de ti, de mí, de los dos.
Ya no...

Tarde de domingo rara

Hoy es domingo,
no uno de esos especiales
que le sorprenden a uno
en un viaje exótico o en una cama ajena.

Esta tarde de domingo rara
pertenece a la raza de los de despertar tarde y
café con prensa,
de los de navegar buscando
unas letras amigas,
de conversaciones sin sentido,
de los de aplazar llamadas condenadas al ostracismo.

Es un domingo de tarde con libro y sin reloj,
película y sofá, guitarra e inventar nuevos acordes
y noche de paseo, tal vez en busca de saborear algún lugar nuevo
o de buscar un nuevo rincón
y tener una conversación desordenada.

Porque la vida es así a veces,
sin sobresaltos ni depresiones,
sin tormentas que angustien
ni pasiones que quemen por dentro:
un apacible viaje junto al mar con un libro
y a escribir.

Serendepias y corazón latente

Entre momentos de introspección y reflexión,
quería decirte esto la última noche,
pero entre la música y el frío,
el tiempo fue corto.

Aunque pretendía más cara a cara
ya que por este canal sea más frío
pero creo que es el momento adecuado.
Prefiero arriesgarme a no quedarme con el «¿y si...?».

Encuentros furtivos, comidas rápidas
en paseo de Gracia y momentos fugaces.
Bailamos en una noche mágica y espontánea,
el destino nos la jugó.

Tras tres cervezas y dos gin-tonics
decidimos ir a cantar *Carolina*,
su dulce niña al final no sonó,
pero resonaron tus caricias y besos acompañados
de tu discurso que nada cambie.

Acabamos en un colchón de noventa
en tu terraza de cien,
mi cuerpo sobre el tuyo y los dos piel con piel.
Lo deseábamos desde hace tiempo,
esta conexión y allí fue el momento.

De niños a adultos de esta historia de casualidad.
Nos conocemos desde hace más de veinte veranos
y nuestras vidas han tomado diversos caminos
pero nos hemos acabado reencontrando
de una forma u otra.

Por qué el quizás hace
que hoy me sinceré:
quiero aprender a bailar contigo.
¿Bailamos?

EFERVESCENCIA

Vive, joder, vive. Y si algo no te gusta, cámbialo.
Y si algo te da miedo, supéralo.
Y si algo te enamora, agárralo.

PATRICIA BENITO

El placer de hacerte sonreír

Te regalo una sesión de cosquillas traviesas,
de esas que te encantan.
Dame besos en blanco y negro
y hazme ver la vida en color.
Desnuda mi alma al tiempo que me acaricia tu ternura,
hazme el amor con palabras bonitas
de esas que embriagan el alma
y se convierten en notas de una tierna melodía.
Gánate al tiempo con tus alas de Batman.
Juguemos al escondite, ¿a que no me atrapas?
Soñemos con tu isla, donde el aroma,
la armonía y la paz
danzan en perfecta sintonía.
Te regalo una entrada de cine
con la butaca número par
de la tercera fila,
para que puedas saborear en 3D esta vida.

Tú eres mi mejor regalo

Pienso mesa y digo silla, compro pan y me lo dejo,
lo que aprendo se me olvida, lo que pasa es que te quiero.

Gloria Fuertes

Tú, mi musa, mi antojo
mi despertar en este alboroto
eres poesía, mi cosido y mi roto.
San Valentín todo el año
no solo el 14 de febrero
ni el 23 de abril.
Me regalas sonrisas cada día
que despejan mi melancolía.
No quiero joyas caras,
adoro nuestras cartas.
Nosotros tenemos el mejor regalo somos un regalo.

WHISKY CON HIELO EN LA SALAMANDRA

Ya no dormimos juntos,
ya no me tocas desde hace semanas
no hay besos con sabor a boca
ni boca sin sabor a nada
no hay planes ni humor
ni planos con amor
ni amor en la sala salamandra.

Que la última copa pago yo
si me permites que lo haga
un *whisky* cargado con hielo
y tu mano tocando mi falda.

No hay amores sin aventuras
ni aventuras que acaban en la cama.

Esta noche se apagaron los sueños
de debajo de mi almohada
ya no sé si se respiran vuelos ni escapadas
ni mochilas cargadas,
ya no hay quien te pare, maldigo.

Destellos de vida

Somos de donde vamos corriendo a celebrarlo,
de los abrazos que nos dan al llegar,
de las risas que nos hacen olvidar,
de los momentos que quedan por recordar,
de la música que nos hace bailar,
de los besos que nos hacen sonrojar,
de la vida que nos invita a soñar
y de los polvos que nos hacen temblar.

Súbeme al éxtasis

He subido al ático de los sueños atrapar el sol,
lo encontré poniéndose,
ardiente y arrastrando todo nuestro sudor.
Cogiendo hasta la última chispa de calor.

Hazme el amor como ayer
súbeme al éxtasis
bájame las bragas
sentir tu calor, tus latidos
tu respirar y tu llama.

Amarilla

Besos con el sabor a *gin-tonic*,
karaoke en el cuarto sábado.
Letras de MClan, Imbruglia y Rosana,
cantando hasta las cinco de la mañana.
Domingo de resaca y frío,
polenta acompañada de copa de vino blanco.
Invierno compartido contigo.
Mimosa por toda la casa,
amarilla, como la calidez y la alegría
de nuestras vidas.
Amar y ya.

NOVIEMBRE DULCE

Llega otoño y con él arrastra sus hojas,
se renueva etapa,
se cosquillea entre mantas,
huele a chocolate caliente en taza.
Noviembre arrastra el frío
y consigo el edredón
dulce de leche y castañas
boniato y turrón.
Dime cuánto durará este invierno
para dejar de arroparme de tus abrazos
y dejar de sentir este fuego.

Lo que quema y lo que queda

No me gusta la gente falsa ni que me mientas a la cara,
que me contestes «elige tú» cuando quien
formula la pregunta soy yo ofreciéndote dos opciones,
no me convencen los monocolores
en los apuntes de bachillerato.

No me gustan los lunes de lluvia ni los domingos de resaca,
ni las inquietudes que me quitan el sueño.
No me gusta cuando el camarero de un restaurante
no se moja y no te da la mejor de las opciones,
odio el tráfico de hora punta
en el nudo de la Trinidad y los ronquidos en cama.

Me gusta estrenar ropa los sábados de *brunch*,
tomar jengibre y limón en ayunas.
Amo el color turquesa de la tabla de surf,
me gusta cumplir objetivos
y sentir que he conseguido lo que quería.

Me chiflan las puestas de sol con copa de vino blanco
y la luna llena, me gustan los arreboles cuando el cielo parece fuego
me gusta Drexler, Erre y Sabina,
cantar a dúo a gritos locos *Shallow*,
me gusta salir de la peluquería bonita y que te des cuenta.

GANAS DE DOS

Quiero ser tu lugar favorito cuando escapemos los dos.
Ganas de ti, de ver atardeceres juntos
de besarnos sin parar, de hablar sin prisa,
de tiernas caricias y partirnos de risa.
De agarrarnos los martes por mi cinturita
acabar en la cama, a lo animal.

Despertarnos el sábado
y oler a zumo de naranja recién exprimido
y huevos revueltos en tostadas.

Beber este café calentito y agarrarnos despacito
con la radio sonando y bailando sin compás
con una sonrisa tímida y tus labios besando mi sien
y hacer como si fueran sábados
que aún nos queda todo el domingo.

ABRACADAMBRANTE

La vida es más simple de lo que parece,
pensamos demasiado y sentimos muy poco.
Desde que empezamos a vernos
todo ha cambiado. Y es que tú me haces feliz,
te veo y me sale esa sonrisa de loca,
me haces estar fuera de control,
quiero volverte a ver, besarte y abrazarte.

Y quiero volver a tener otra noche loca,
loca como la de agosto,
la noche de lluvia de estrellas
que de estrellas no vimos muchas
pero acabamos bien estrellados en la azotea
en medio del Carmelo.

Y si estoy segura de algo es de que me importas
y de que ese niño que no es tonto sino especial
también es especial para mí.
Ahora soy yo la que se ha ido,
y yo soy de irme rápido y volver lento,
pero tú me lo pones difícil.

Y me encantaría que estuvieras aquí,
compartiendo aires de montañas italianas
y copas de vino de la Toscana
de momentos de risas,
de charlas hasta el amanecer,
de sudores, de locura, de retos,
de apuestas, de teorías astronómicas malabaristas.

Y es que en este tiempo me he dado cuenta de que los pequeños detalles
son los que hacen las grandes cosas
y las grandes personas.
La vida solo es una y son dos días
y si no arriesgas, no ganas...
porque hoy estamos aquí
pero mañana no se sabe...
Si es cierto que todos los caminos llevan a Roma,
el tuyo ¿llegará a mi casa?

Hagamos un trío: Tú, yo y la vida

El amor es el único sentimiento
que puede mover al mundo y a tu corazón.
Porque podemos improvisar una cena
con lo que haya en la nevera.

Porque somos viajeros, no turistas.
Porque lo que cuenta son los momentos,
no las noches de tu estancia.

Al amor y a ti os conocí en el mismo tiempo
Si la vida te cambia el guion, corrígele los acentos.
Decretamos el estado de felicidad permanente
y que se soplen las bengalas y se apaguen las velas.
Esta noche tenemos una fiesta y tu ropa no está invitada.

Apaga la luz y enciéndeme.
Si pudiera volver atrás
no haría nada diferente.
¿Y si todas las acciones que he hecho
son las que me han traído a ti?

Noviembre a lo animal

Tus dedos rozando mi espalda
y palpando mi alma
bajando al son de tus gemidos
y subiendo al ritmo de mi banda sonora favorita.

Toco tu mano, entrelazas con las mías
a lo salvaje nos besamos y me empotras contra la pared del pasillo del baño.

¡Me atrapas con tu cuerpo, me lames cada rincón de mi pecho,
cuentas mis lunares y me arañas a lo salvaje!

¡Oh, Dios, qué viaje! ¡Bienvenido noviembre a lo animal!

Efervescencia efímera

Me gusta el zumo de naranja recién exprimido,
el aroma a vela de vainilla del Ikea,
recordar cómo hacía los canalones mi abuela,
abrazar a mis amigas,
ver como antiguamente se luchaba más por el amor
y era más auténtico,
el té sin azúcar,
los atardeceres desde el coche en la carretera,
los viajes improvisados,
sentir el mar a mis pies y la brisa en mi cara,
escuchar Ben Harper,
valoro las conversaciones sin filtro,
las primeras veces, los pequeños detalles,
soy amante de aquellos que, cuando algo se rompe,
se esmeran en repararlo, brindando así
una segunda oportunidad.
Me gusta la prosa poética y me gusta la vida.

Chocoletréame

En este universo etéreo,
los sueños se visten de chocolate
y las emociones se endulzan con cada bocado
atravesando el corazón que late.

Llega otoño y con él arrastra sus hojas
se renueva etapa, se cosquillea entre mantas,
huele a chocolate caliente en taza.
Noviembre arrastra el frío, consigo el edredón
dulce de leche y castañas, boniato y turrón.

Los suspiros se enroscan en espirales de dulce éxtasis,
mientras cada palabra se convierte en un susurro de caramelo
que acaricia el alma.
Permíteme sumergirme en este océano de placer,
donde las caricias son trozos de praliné.

Chocoletréame, un verbo que se conjuga
en cada sonrisa compartida,
en cada beso envuelto
en el sabor inconfundible del cacao.

Somos amantes danzando
al ritmo de un vals azucarado.
Dime cuánto durará este invierno
para dejar de arroparme de tus abrazos
y dejar de sentir este fuego.

El partido que hay que ganar

Hay un partido en la vida que es crucial para ganar,
no se juega en un estadio ni en la pista de pelear.
Este partido es distinto, no hay una pelota de por medio,
solo hay dos jugadores que se mueven con deseo.

Mi jugador favorito, mi compañero de equipo,
juntos en este partido hacemos un gran equipo.
Noventa minutos de juego, sin prórrogas ni penaltis,
la victoria es compartir y vivir momentos de celebración.

La alineación perfecta es cuando el amor está presente,
animando los aficionados y el árbitro es la razón y el sentido.
Jugamos este partido no para ir a Champions o al Mundial
no importa el resultado, lo importante es la intensidad.

El *scouting* del juego lo hacemos juntos cada día,
para mejorar cada detalle y avanzar en la vida.
Así que sal al campo y juega con todo tu ser,
venimos a jugar el partido de nuestras vidas
y este partido es el que hay que ganar.

Un cortocircuito

Dame esos polvos de amor salvaje,
piel con piel hasta sentir mi orgasmo,
de esos que se me caen los tornillos,
hasta sentir tus latidos
acelerados a mil kilómetros por hora,
tu luz está en máxima revolución,
a toda potencia, a quinientos vatios de pasión.

No me des un apagón de caricias y
amplifica tu potencia en abrazos.
Ya no me das chispa cuando te enciendes
y no alteres tu frecuencia.
Alta tensión entre nosotros, cúrame con esparadrapo y martillo,
enróllame hasta tenerme atrapada en tus brazos.
Somos polos opuestos cruzados en un cableado de alta tensión.

EPIFANÍA

Invierno del pasado,
viajes con guantes, bufanda y nieve,
corazones entrelazados
con dedos al sol
y lagos a contrarreloj.
Éramos amantes desbocados,
conocí la parte trasera de tu Ford Fiesta verde,
como tus ojos en forma de almendra.

Follábamos como locos
en mi cama, en el baño, en la playa.
Cenas exprés, cafés a fuego lento,
polvos de quita y pon, *pizzas al taglio*, romance de verano
Bajo el firmamento, observábamos estrellas,
desde el castillo, hasta en el puente.
Me acurrucaba entre tus abrazos,
mientras el frío acariciaba nuestros cuerpos.

PROSITIVISMO

Enamórate de ti. De la vida.
Y luego de quien tú quieras.
FRIDA KAHLO

Bailó la pena

Cuando te cuenten historias de princesas
o Caperucita Roja con finales felices,
intentan inculcarte
el miedo de elegir tu propio camino.

Por eso, pequeña,
mantente alerta,
los verdaderos lobos
son aquellos que buscarán arrebatar tu libertad.

Tu inteligencia les infunde miedo,
de ahí que te llamen tonta.
Pero, incluso, cuando te reconozcan
como inteligente, mantén la precaución,
querida, intentarán que adoptes
sus perspectivas interesadas.

Mantente siempre digna
e íntegra contigo misma.

DEJAMOS TODO PARA DESPUÉS
COMO SI EL DESPUÉS FUESE MEJOR

Si quieres abrimos una Heineken,
dale al *play* a Drexler,
brindemos por este nuevo comienzo,
esta nueva vida y tantos retos,
bailemos con nuestras miradas,
nuestras caras de tontos
y nuestras risas a carcajadas.
Porque bailar de lejos sí que es bailar
y si no que se lo digan a Mía & Vincent en *Pulp fiction*.

GRACIAS, MAMÁ, POR HACERME TODOTERRENO

Si me pidieran escoger un apoyo incondicional, sería ella.
Nunca he conocido un amor tan auténtico y profundo.
Ella es mi refugio en invierno, mi primavera en marzo,
mi Sant Jordi en abril, mi festival en verano.
Algunos la llaman mamá, yo la llamo vida.

Desde que tengo memoria,
nunca la he visto anteponer sus necesidades
a las nuestras.
En su mundo, no hay egoísmo ni pretensiones.
No existen excusas; ni «mañana» ni «hoy no puedo».

Siempre tiene esas palabras sabias que te calman,
esa caricia a tiempo, ese plato caliente en la mesa,
esa mirada que entiende, ese gesto para secarte las lágrimas.

La llamada a tiempo, el consejo preciso.
Ella es el bálsamo que cura todas mis heridas.
Mamá, no estoy segura de si estaré a tu altura el día que me necesites,
pero prometo esforzarme para hacerlo lo mejor posible.

Gracias, mamá, por hacerme todoterreno.

Búscate en tus blancos, en tus grises y en tus negros

No me quedo donde el valor no se cierne,
las aguas calmas no hacen buenos navegantes.

Ser uno mismo en un mundo que insiste
en transformarte en lo que no eres, persiste.

No siempre alcanzamos lo que deseamos,
pero luchamos por lo que necesitamos,
trabaja en tus flaquezas hasta que
se conviertan en fortalezas que brillan.

Amarte a ti mismo es el inicio,
de una aventura que nunca termina, un juicio.
Crecer a veces duele, es cierto,
pero vale la pena el descubrimiento.

Haz que la felicidad sobrepase el dolor,
que valga la alegría, no el desamor.
Nunca estamos listos para lo que viene,
pero en cada paso encontramos lo que tenemos.

PALABRAS DE BUKOWSKI

Ella de cabellos despeinados
celiaca, caótica, anda descalza por casa
es chica desastre, leona protectora.
Fan de Ben Harper, de *jazz* y Belly Besarte
de *pizzas* y atardeceres
de mar Mediterráneo y de sanos placeres.

Ella es de sol, de mirada que delata,
de Bukowski, de tortilla de patata,
de viajes improvisados y de vino blanco
de lirios, de azul oceánico y de clima tropical.
Ella es marea, arquitecta de su vida,
de arma dura y coraza blanda.

A veces es cruel con ella misma,
exigente y resolutiva.
Es mujer AP7, de rectas y curvas
con pelos de loca y labios carnosos,
de pechos pequeños y caderas anchas.
Un cuerpo de estrías, biografía con heridas,
mujer con cicatrices, las más peligrosa,
ya que vive la vida con intensidad
y salvajemente.

Es tornado, es desastre natural,
es un búmeran y mujer estampida,
es volcánica, es huracán
y para callarla hay que besar.

En el amor se siente sola porque
no encuentra a nadie de su tamaño.
A veces llora, por las calles vacías
y seca sus lágrimas con alcohol y amigas.

Es mujer de noches con lobos que la bailan
pero es diosa en todas sus esquinas.
Ella es fuego, es talismán,
es pragmática, magnética y rápida.

Corazón de hierro, alma de fuego

Se rompió en mil pedazos
y se recompuso en tres mil.
Ella tan fuerte, tan valiente, tan dura
y tan audaz que de repente
con aguja e hilo color esperanza
se cose sus cicatrices
que aún le perduran
y tapan el dolor de su alma.

Ella es huracán, alma resistente
y esencia de pura raza.
Se reconstruye entre el arte y el dolor
con una armadura de acero irrompible.
Ella es la guerrera incansable
que combate una y mil batallas
y permanece con su traje de hojalata.

Su esencia brilla con una luz inquebrantable,
mostrando al mundo la verdadera fortaleza
de corazón libre y de destreza.
Ella brilla en su oscuridad,
ella brilla por su ausencia.

Caleidoscopio de felicidad

Bendito día en el que descubrí
que el mejor amor es el de uno mismo.
Bendito día en el que descubrí
que dentro de mí reside
un universo completo de valentía, valor y resiliencia.

Que cada mujer sea un eco
de su propia fortaleza

La felicidad es una mariposa que, cuando se persigue, siempre está
más allá de tu alcance, pero que, si te sientas silenciosamente,
puede posarse sobre ti.

Nathaniel Hawthorne

Soy mujer, fuerte, libre e inteligente
Yo decidí ser quien soy
Y no es necesario esperar cada ocho de marzo para ver el cielo
violeta y manifestarme diciendo: «Hago lo que yo quiero»,
aunque te quiero pero no te necesito, ¡¡yo valgo por mí!!

Lucharemos por la fuerza de nosotras
Caminaremos por el sendero difícil
Seremos la voz de las que ya no están
¡Para conseguir igualdad!

No me depilo para ser más mujer
Ni me pongo rímel,
ni zapatos de tacón quiero ser como soy,
una estrella, una artista, soy preciosa.

Y hablemos de la vida, de seguir luchando,
de construir nuestro mundo,
el que nos hace feliz,
de superar nuestros miedos
para volar lejos, ¡para volar alto!

FUCK CÁNCER, JODER

Cariño, hoy ha sido uno de los momentos más duros de tu vida, por no decir el más duro, la despedida de un ser querido siempre es dolorosa, pero la de una MADRE es indescriptible e imprevisible

Pero la vida sigue y tu mami estará contigo siempre, porque como vosotras decís es ETERNA. El amor de una madre es incondicional, es puro, es unión y ella te ha inculcado unos valores a ti y a tu familia en la vida que siempre los llevarás contigo y la recordarás en muchos momentos del día, la verás en canciones, en fotos, en tu mente y en tu corazón, porque te acompañará y te protegerá siempre.

Pequeña, ahora es momento de ser FUERTE, de tirar adelante porque la vida sigue y es importante que estés al pie del cañón: luchando por tus sueños, tus ambiciones, tus retos, estar con Leoncio, cantando, bailando, dando amor y estando con los tuyos.

Ya has demostrado que eres fuerte y una SUPERMUJER cuando tu madre estaba luchando contra el maldito cáncer, pero ahora es cuando tendrás que ser el doble de fuerte para seguir.

Y aquí estaré para animarte, para escucharte y secarte las lágrimas y para compartir historias. Un abrazo muy fuerte y descansa, que hoy ha sido un día duro.

Somos de la familia que elegimos, no solo de la que venimos

Hay abrazos que no llevan nuestra sangre, pero sí nuestra historia. Hay miradas que entienden lo que no decimos, risas que saben a hogar y silencios que sostienen como paredes de una casa bien construida.

Porque familia no es solo de dónde venimos, sino también hacia dónde vamos. Y en el camino, hay personas que nos encuentran, que nos eligen y que elegimos, como si siempre hubieran estado esperándonos en alguna estación del alma.

Son esos amigos que saben de nuestras ruinas y celebran nuestras cimas. Que se quedan cuando todo se va. Que nos recuerdan quiénes somos cuando lo olvidamos.

La familia es sangre, sí. Pero también es piel, es eco, coincidencia y elección. Y qué suerte la mía de poder elegirnos una y otra vez.

WANDERLUST

Viajar es descubrir que todos están equivocados sobre otros países.

ALDOUS HUXLEY

Viaje sin rumbo

A veces desearía tomar una maleta,
llenarla con lo esencial y lo inesperado,
llegar a la estación de tren o al aeropuerto,
abordar un tren o un avión al azar
y dirigirme a un destino desconocido.

En trenes que cruzan caminos,
o aviones que surcan el cielo,
descubro destinos inciertos,
como un juego, sin anhelo.

Desaparecer durante un tiempo sin definir
y sumergirme en nueva experiencia,
explorar otra cultura, conocer gente, tradiciones, ideas...
Vivir la vida bohemia.

Si tuviera que escoger solo tres elementos esenciales
para sobrevivir en esta travesía,
escogería un libro, mi cepillo de dientes y a ti.

Y tú, ¿me llevarías contigo en este viaje?

PORQUE LA FELICIDAD
SE MIDE POR SUS SONRISAS

Aunque no posean todo,
sufren hambre, la sed les acecha,
sus hogares no son de ensueño,
carecen de oportunidades, educación que destaque,
de lujos, viven el día a día, sin parar,
sin embargo, nunca les faltan las canciones,
los bailes, los colores, la música,
el jambé, el fútbol,
pero, sobre todo, nunca les falta
esa sonrisa que los hace singulares y auténticos.

Una sonrisa que contagia tanto
que te transforma y te hace comprender
que ellos son felices con lo mínimo,
mientras aquí, en los países desarrollados, algo falta,
poseemos todo lo que deseamos
y anhelamos más allá de lo necesario;
el último móvil de moda,
las zapatillas más codiciadas,
el bolso de diseñador.

Mientras tú ostentas ese reloj costoso,
ellos tienen el tiempo
que disfrutan en cada momento.

Pero nos falta algo,
algo que nos hace cada vez más egoístas
y egocéntricos,
nos falta algo que cuesta tan poco: TU SONRISA.

AUTOSTOP

Para él todo era diferente,
en su vida no existían los relojes,
solo el tiempo, no había prisas,
no tenía dinero, solo el valor de las cosas
y los trueques para conseguir
comida y poder sobrevivir
el día a día que le transportaba.

A sus espaldas llevaba mil y un kilómetros
recorridos a base de autostops
y cargaba con su mochila quechua que en tantos países se había
impregnado de olores, polvos, arena, roturas, chapas
y cintas de colores y estaba cargada de historias por contar,
ay, si su mochila hablara.
Su medio de transporte consistía en el autostop. Esto se basaba
en ir en medio de una carretera bastante transitada y a la afueras
de la ciudad o a veces a una gasolinera, ya que parecía más fácil,
cargado de su mochila que pesaba el quince por ciento de su peso,
con sus gafas de sol y bajo la calor de las tres de la tarde, agarraba
su cartel a la dirección que pensaba ir, levantaba su dedo pulgar
de la mano derecha y allí empezaba su aventura... esperaba a ver
qué camionero o conductor/a tendría alma caritativa y le acercara
aunque fueran unos pocos kilómetros hacia su destino.

Cuando veía que un coche le hacía luces,
o se acercaba lentamente,
entonces hacía una mueca de felicidad
y allí empezaba su verdadera aventura.

Normalmente el perfil era de un hombre,
camionero que tenía un viaje de miles de kilómetros por delante
y solo buscaba a alguien que le distrajera
y qué mejor que recorrer un aburrido y monótono viaje
acompañado de él, que tenía un montón
de anécdotas que contar.

Entonces su aventura llegaba cuando le paraban,
le hacían subir al coche diciéndole:
«Venga, que te acercaré unos cuantos kilómetros a tu destino»
y él se lo agradecía entreteniendo su camino,
quedaban muchas horas de viaje
y tenía cada uno cosas por explicar,
total, ya no se volverían a ver
o quizás sí, pero en otro lugar.
Así con esta peculiar manera
ha viajado por Méjico, Cuba, Francia, Alemania, Rumania...
y yo le admiro por la voluntad que tiene,
por su empuje y cómo lo hace,
porque en el mundo hay un lenguaje que todos comprenden:
es el lenguaje del entusiasmo,
de las cosas hechas con amor
y con voluntad,
en busca de aquello que se desea o en lo que se cree.

Senegal: Le temps

Lou way deff boppam.
('eres responsable de lo que haces'; wolof, idioma de Senegal)

Si hay algo que no se para es el tiempo, aunque quieras detenerlo siempre fluye de la misma manera; los momentos que quieres que no se acaben inevitablemente son los que pasan más rápido, mientras que los instantes adversos pasan más lento, a pesar de que la aguja del minutero siga marcando cada paso marcando los sesenta segundos de cada minuto.

Durante mi estancia en África, un sabio amigo mío me dijo esto y me hizo pensar: «Mientras vosotros, los europeos, tenéis relojes, nosotros, tenemos el tiempo», Y es cierto, para ellos no existen relojes, no hay hora de comienzo ni hora de final de jornada, las puestas de sol indica la llegada de la oscuridad. Pero ellos continuarán recorriendo las calles en busca de diversión a ritmo de buena música y partidos de fútbol. No hay horarios para los autobuses; simplemente parten cuando están llenos. Si tienen hambre, comen; si desean bailar, bailan. La hora en la que viven no importa porque, para ellos, el tiempo es único. Los momentos más felices son gratuitos y es cierto, si no, piensa en tus momentos felices y dime ¿cuánto te valieron?

Próximo destino: A(marte)

Hice la maleta sin mapa,
sin brújula, sin coordenadas.
Metí la piel, las ganas,
el vértigo y la duda,
porque viajar ligero nunca fue mi estilo.

Me subí a un tren sin horario,
sin billete de vuelta,
con la certeza incierta
de que algunos viajes no se planean,
se sienten.

A(marte) era un destino improbable,
un punto rojo en la galaxia del miedo,
pero me aferré a la ventanilla,
viendo pasar estaciones que nunca supe pronunciar.

El amor no tiene aeropuertos,
pero sí turbulencias.
No tiene calles, pero sí atajos.
Y aunque a veces parezca un lugar remoto,
siempre es hogar cuando llegas.

Próxima parada:
tus brazos. O quizá el infinito.

Este libro fue escrito a mano en una libreta viajera durante los últimos años, con inspiración encontrada en viajes introspectivos: entre aeropuertos, trenes y mares; en aventuras inesperadas, atardeceres robados, ciudades invisibles, noches en vela y momentos de resiliencia. Cada página nació de lo que sentí y de todo lo que la vida me fue enseñando.

Gracias a @AlejandroSanz por ese empujón final que me impulsó a terminar el manuscrito y por hacerme creer más en mí al compartir mi historia con su audiencia en redes sociales. Y, sobre todo, gracias a ti. Sí, a ti, que has llegado hasta aquí, que has caminado estas páginas conmigo, que has sentido, revivido o descubierto algo nuevo entre mis palabras. Espero que este libro te haya acompañado de la manera en que lo necesitabas.

Nos encontramos en algún verso, en algún viaje o en algún latido.

ÍNDICE